MALONGI MPE LIBATISI

MALONGI MPE LIBATISI
Ebimisami na Buku Urim (Mokambi: Johnny. H. Kim)
235-3, Guro-gu, Seoul, Coree
www.urimbooks.com

Droit D'auteur. Buku oyo soko eteni na yango ekoki soko te kobimisama na lolenge soki mpe nini, kobombama kati na systeme na kobimisama, to mpe kopesama soko na lolenge nini ete, electronique, mecanique, na photocopie, na enregistrement to mpe lolenge nini, kaka soki nzela epesami epai na mobimisi na yango.

Copyright© 2011 na ba Buku Urim
ISBN: 979-11-263-1241-2 03230
Droit D'auteur na Traduction©2010 na Dr. Esther K. Chung. Esalemalami soki nzela epesami.

Publication na yambo na Mars 12, 1993 na Departement na Publication na Lisanga na Biyamba na Yesu Christu Mpona Kobulisama
Edition na Mibale: Juillet 2011 na Ba Buku Urim

Edition na Yambo Novembre 2023

Ebimisami na Geumsun Vin, Departement na Education na Lisanga na Biyamaba Na Yesu Christu Mpona Kobulisama
Ebongisami na Ndako na Edition na Ba Buku Urim
Soki olingi Koyeba mingi na koleka tala na: urimbook@hotmail.com to s8225237@hanmail.net

O Liboso

Kati na Kobanza ba mbula 20 na mbotama na Lisanga na Biyamba na Yesu Christu Mpona Kobulisama mpe kolandana na bosanga na ba branch pembeni na 10,000 mpe biyamba na association kati na mokili mobimba, Nazali na esengo mpona kobimisama na buku oyo Malongi mpe Kobatisama.

Kaka soki bana bayekoli mpe bazwi boyebi na malakisi na lolenge na lolenge na tango na kokola na bango wana nde bakoka kozala na makoki masengela mpona kobima ba bomoi na nzoto malamu mpe bazala bato ba bato. Ezali lolenge moko na kondima. Bandimi na sika ba oyo bawuti kondimela Nkolo bakoki kokoma babundi na molimo kaka na tango epesameli bango mayebi na molimo mpe na malakisi na Nkolo maye masengeli mpona bomoi kati na elongo mpe kati na Nkolo.

Buku oyo ezali kosangisama na malakisi iye mondimi nioso asengeli na kotanga mpe amikotisa na yango mpona kobatisama na nkombo na Nzambe Misato mpe na kobika bomoi na Bakristu isengeli. Ezali kaka na nioso eye bandimi kati na Christu basengeli kobatela mpe kokima kasi kokotisa na Kondimana na Kala mpe na Sika, doctrine kati na Biblia, esakola na eyamba mpe lokola.

Ebele na ba ndakisa na mituna mpe biyano bandimi na sika basengeli na kotanga mpona kobongisama mpona libatisi mizali kati na buku oyo. Ezali mpona bango bazala na elikya na Lobiko mpe batia moboko na kati na bomoi iye isengeli mpona mondimi na eyamba, nzoto na Christu. Kotanga na ba ndakisa mana ikosunga bango na bopete eleka mpona kososola maye masengela mpona bomoi na Mokristu, Biblia, doctrine, mpe esakola na eyamba.

Buku oyo ekoki kosalelama kati na eyamba nioso mpona kosunga bandimi na sika babongama mpona milulu na libatisi, mpe egelesia moko na moko bakoki kopona mituna na lolenge na lolenge wuta na ba ndakisa. Bandimi na sika na biyamba nioso, liboso na abngo kobatisama, basengeli kotanga buku oyo mpe bakota kati na mibeko kati na yango mpona kozala na motema esengela mpe ezaleli mpona libatisi.

Ba oyo basilisa malongi masengela to kaka malongi mpona libatisi bakoki kolanda malongi na mobimba nioso to milulu na libatisi, nde bongo bakokomisama lokola bato na malongi to mpe lokola ba oyo babatisama. Ba oyo babatisama bakoki bongo kopesama nzela mpona kokoma bandimi na eyamba mpe basengeli kosala mosala na bango eye epesamela bango na Nzambe, mpe lolenge wana, bakoki kozwa mapamboli na Nzambe.

Tika ete moko na moko mpe bandimi nioso ba oyo batangaki buku oyo batia moboko makasi kati na kondima na bango mpe bakoka kosunga kati na bokoli na eyamba, na kombo na Nkolo na biso Yesu Christu Nabondeli!

Mars 2011
Rev. Dr. Jaerock Lee
Mokonzi na Lisanga na Biyamba na Yesu Christu Mpona Kobulisama

Molongo na Mateya

O Liboso

Eteni I. Bomoi na Mokristu · 1

Chapitre 1 Categorie mpe Misala na Bandimi na Eyamba
Chapitre 2 Misala Misengela mpona Mondimi na Eyamba
Chapitre 3 Bipekiseli mpona Bandimi na Eyamba
Chapitre 4 Libala, Matanga mpe

Eteni II. Malongi na Mobimba · 25

Chapitre 1 Mpona Bomoina Bakristu
Chapitre 2 Mpona Biblia
Chapitre 3 Mpona Esakola na Eyamba mpe Doctrine

Eteni III. Malongi Mpona Libatisi · **45**

Chapitre 1 Mpona Bomoi na Bakristu

Chapitre 2 Mpona Biblia

Chapitre 3 Mpona Doctrine na Eyamba mpe Esakola

Eteni IV. Lolenge na Kosala Malongi na Mobimba mpe Libatisi · **71**

Chapitre 1 Malongi na Mobimba

Chapitre 2 Libatisi

●

Eteni V. Kobakisa · **81**

Misala na Eyamba Itiama kati na Nkombo na NkoloYesu Christu Kotala kati na Kondimana na Kala mpe na Sika

Eteni 1.

BOMOI na MOKRISTU

Chapitre 1 Categorie mpe Misala na Bandimi na Eyamba

Chapitre 2 Misala Misengela mpona Mondimi na Eyamba

Chapitre 3 Bipekiseli mpona Bandimi na Eyamba

Chapitre 4 Libala, Matanga mpe

Chapitre 1

Masanga mpe Misala na Bandimi kati na Eyamba

1. Categories of Church Members 1.Ba lolenge na Bandimi kati na Egelesia

Bandimi kati na egelesia bakabolama na masanga na lolenge misato: bamesana kokende na eyamba, bandimi na sika mpe bandimi oyo babatisama.

1) Bandimi Bakomisama

"Bandimi Bakomisama" etalisi ba oyo bayaka mayangani na mposa na kokoma Bakristu mpe ba oyo ba nkombo mikomama kati na lokasa na bandeko na eyamba. Mpona kokoma Bakristu basengeli kondima Yesu Christu, koyoka Liloba na Nzambe na koyaka kayi na mayangani mpe koyekola lolenge nini na kobika bomoi na Mokristo mosengela.

2) Bandimi na Malongi

"Bandimi na malongi" etalisi ba oyo bazali kotanga mpona kokoma Bakristu. Na tango bandimi wana bazali na ba mbula 13 to mpe na likolo bayamboli na masumu na bango mpe bandimeli Nkolo, mpe bakomekaka kobika bomoi na sembo na Bakristu, na bongo kozala na bilembo na kondima na bango, bakoki kosilisa malongi mpe ba nkombo na bango ekoki kokomisama kati na 'lokasa na bandimi na malongi'. Mpona kokoma Bakristu na solo mpe na sembo, basengeli kokota na mayangani na momesano mpe babika bomoi na Bakristu na solosolo na kotosaka Liloba na Nzambe.

3) Bandimi Babatisama

Ba sanza minei to mitano sima na kokoma bandimi na malongi, ba oyo bazali na bilembo na kobotama sika lokola bana na Nzambe bakoki kosilisa malongi mpona kobatisama mpe bazwa libatisi mpona kokomisama kati na "Lokasa na molongo na bandimi," Ekosengama na bango ete bazala kati na ba oyo bakokataka kati na eyamba lokola moko na bandimi kati na eyamba. Bakondima mosala mpona komikaba mpe mosala mpona Bokonzi na Nzambe mpe eyamba.

2. Mosala na Bandimi na Egelesia

Mpona Bokonzi mpe boyengebene na Nzambe, ba oyo nioso bakoma bandimi oyo bakomisama basengeli kokokisa misala na bango mpe mikumba lolenge ekomama kati na Biblia, mpe bazala na makoki na bana babulisama na Nzambe.

1) Basengeli mpenza komikotisa kati na mayangani mpe na kongumbamela Nzambe kati na solo mpe na molimo.

Mayangani masengela ezali Mayangani na Tongo na Eyenga, Mayangani na Mpokwa na Eyenga, Mayangani na Mpokwa o Mokolo na misato, mpe Mayangani na Butu Mobimba na Mokolo na Mitano. Mayangani na kongumbamela ezali milulu na kondima Nzambe na Bomoi mpe kotonda mpe kongumbamela Ye na molimo mpe na solo mpe na nzela na Liloba na Ye Apambolaka bangumbameli oyo bakongumbamela Ye na solo na mitema na bango nioso, makanisi, mpe milema.

2) Basengeli na komeka kotanga mpe kotanga na mozindo Biblia.

Kondima na biso ikokola mpe tokobika Bokristo esengela lokola toyei na kososola mokano na Nzambe na tango bazali kotanga, koyoka, mpe koyekola Liloba na Nzambe.

3) Basengeli kosala esengeli bango mpona kobika na Liloba na Nzambe mpe Kobondela. Libondeli ezali mpema na molimo na biso. Ezali lolenge nini tozali na lisolo na Nzambe, oyo Azali molimo, mpe ezali lolenge mpona kozwa nguya na Nzambe. Mondimi nioso oyo akobika kolandana na mokano na Nzambe bakobondela Nzambe.

4) Basengeli kosepela tango nioso, kobondela na kotika te, mpe kopesa matondi kati na makambo nioso. Tokoki kosepela tango nioso kaka mpo ete tozwi makoki mpona Bokonzi na seko na Lola kati na kondima na Yesu Christu. Tosengeli kobondela na kotika te mpona kozwa lisungi na Nzambe na Nguya-Nioso, mpe tozali na makoki na kopesa matondi kati na makambo nioso mpo ete tondimeli ete Nzambe Asalaka ete nioso esala mpona bolamu na biso.

5) Basengeli kotalisa komikaba na bango mpona mosala na eyamba mpe misala na batindami mpe kopesa mabonza epai na Nzambe na Moyimi te.
Kondimaka ete biloko nioso izali na Nzambe, kasi Ye Apesi biso nioso lokola batambwisi, tosengeli kosalela Nzambe elongo

na ba nzoto na biso mpe biloko. Mingi mingi basengeli solo kopesa Nzambe moko na zomi na lifuti na bango nioso, kasi na koyimayima te soko na kotindikama te.

6) Basengeli koteya Sango Malamu mpe koteya basusu na makabo mapesamela bango longwa na likolo.

Ezali mpo ete Nzambe Atangaka molimo moko na motuya koleka likolo mobimba mpe Alingi biso tokoma batatoli na Nkolo ba oyo bazali kopanza Sango Malamu kati mpe libanda na tango.

Chapitre 2
Masengela mpona Bandimi na Egelesia

1. Mibeko Zomi

Ekolo na eokolo ezali na mobeko na yango moko mpe lisanga nioso na mibeko na bango. Na lolenge moko, bandimi kati na Nzambe bazali na mibeko na Bokonzi na Nzambe mpe mobeko ibengami 'Mibeko.' Kati na 1 Yoane 5:3 tomi ekomama ete: "Mpo ete bolingo na Nzambe ezali boye ete tokokisa malako na Ye. Malako na Ye mpe mazali na bozito te." Kobatela malako na Nzambe ezali elembo na kolinga Nzambe mpe nzela mokuse mpona kozwa mapamboli na Ye.

Kosangisama na malako nioso makomama kati na Biblia izali Mibeko Zomi (Esode 20:3-17). Mibeko zomi mikoki kokabolama na biteni mibale. Moko etali bolingo mpona Nzambe mpe mosusu etali bolingo mpona bazalani na biso.

1) *"Okozala na banzambe mosusu liboso na Ngai te."*
2) *Okosala ekeko mpona yo te, soko elilingi na eloko na lola na likolo te, na mokili nan se te, to na mai na nse na mokili te. Okokumbamela yango te to kosalela yango te."*
3) *"Okotanga nkombo na Yawe Nzambe na yo mpamba te."*
4) *"Kanisa mokolo na Sabata ete obulisa yango."*
5) *" Kumisa tata na yo mpe mama na yo."*
6) *"Okoboma te."*
7) *"Okosala ekobo te."*
8) *"Okoyiba te."*
9) *"Okoloba matatoli na lokuta na ntina na mozalani na yo te."*
10) *"Okolula ndako na mozalani na yo te."*

2. Batela Mokolo na Nkolo Bulee

Mokolo na Nkolo elakisi eyenga kotalisaka mokolo wapi Nkolo Yesu Abukaka nguya na kufa mpe asekwaki. Etalisi mpe lisusu mokolo na Sabata eye Nzambe Apambolaki mpe Abulisaki mpo ete tokoka kozwa kopema na solo kati na Nkolo. Na tango tobateli mokolo na Nkolo bulee mpe tozwa kopema na solo kati na Nkolo, tokoka mpe kozwa lipamboli na kofulukisama na molimo na biso.

1) Kobatela Mokolo na Nkolo Bulee ezali mokano na Nzambe. Ezali mpe elembo ete tondimaka bokonzi na molimo na Nzambe.

Kati na Buku na Genese chapitre 2 eteni 1-3 tomoni ete na tango Nzambe Akelaka ba likolo mpe mokili nan se, mpe biloko nioso kati na bango, Asilisaki mosala na Ye na kokela na mikolo motoba nde bongo Apemaka na mokolo na sambo. Apambolaka mpe Abulisaka mokolo na sambo. Kati na Esode 20:8, Nzambe Apesaka motindo epai na baton a Ye ete bakanisa Mokolo na Sabata mpe babatela yango bulee. Nde bongo, na tango tokobanza mpe tokobatela Mokolo na Nkolo bulee kolandana na motindo na Nzambe, ekoki kondimama etetondimi bokonzi na molimo na Nzambe nde wana Nzambe Akosepela mpe Akopambola biso.

2) Mpona matali Mokolo na Sabata na Kondimana na Kala mpe Mokolo na Nkolo kati na Kondimana na Sika

Na ekeke na Kondimana na Kala mokolo na suka na mikolo 7 na kokela, mingi mingi Samedi ebatelamaka lokola Sabata. Kasi, na ekeke na Kondimana na Sika Eyenga ekumisami lokola Sabata mpo ete Yesu Christu Asekwaka na Mokolo na Eyenga.

Bato bakosamaka mpe bayaka na kokweya kati na kufa likolo na masumu, na kokoka kokota kati na kopema na solo na Nzambe te (tala: Genese 3). Na boye, Nzambe Atinda Muana na Ye se moko na likinda, Yesu kati na mokili, Ye oyo Nzambe Abongisaka wuta liboso na bikeke. Asala ete Ye Asikola bato nioso na masumu na bango na makila ma ye mpe afungolaki ekuke na lobiko mpona bato nioso (Bagalatia 3:13).

Yesu Abakamaka mpe Akufaka na ekulusu na mokolo na mitano, mpe asekwaka sima na mikolo misato, yango ezalaka Eyenga (Matai 28:1). Akomaka mbuma way ambo na lisekwa (1 Bakolinti 15:20) mpe Nkolo na Sabata, mpo ete moto nani nani akoka kosepela kopema na solo kati na kondima mpe na elikya na lisekwa. Wuta wana bandimi babatelaka Eyenga lokola Sabata (1 Bakolinti 16:2) na kobengaka yango "Mokolo na Nkolo."

3)Ba nzela mpona kobatela Mokolo na Nkolo Bulee mpe mapamboli maye makolandaka yango

Tomoni yango ekomami kati na Esode 20:8-10 ete tosengeli kosala mpe kokokisa misala na biso nioso na mikolo motoba mpe topema na Mokolo na Nkolo kati na Nkolo. Tokoki kosepela kopema na solo na tango tozali kaka na kopema na mosuni te kasi mpe lisusu kopema na molimo.

Yango tina na Mokolo na Nkolo, yambo, tosengeli soko te kosala mosala na mokili kasi toya kati na egelesia mpona kongumbamela Nzambe kati na molimo mpe kati na solo kati na mayangani na kongumbamela. Na mibale, tosengeli kozala mosika na bisengo na mokili mpe na kosepelisama na mosuni mpe tobika kati na bonzambe na mokolo na biso mobimba. Tosengeli kobatela makanisi mpe mabanzo na mbeba moko te, tosengeli kobonza mokolo epai na Nkolo kati na kotonda mpe na esengo na kozanga kosala mabe.

Na misato, tosengeli kaka koyangana kaka na Mokolo na Eyenga te kasi mpe lisusu na mayangani na Eyenga na Pokwa mpona kobatela mokolo na Nkolo bulee, mpe tongumbamela Nzambe kati na molimo mpe na solo na mayangani. Mpe tosengeli kolinga tempelo na Nzambe mpe kobulisa yango kati na molimo mpe na mosuni. Na minei, tosengeli soko kosala mosala na kotekisa soko kosomba, soko kokabola masolo na mokili mpona bolamu na biso moko kati na ndako na Nzambe (Nehemia 13:15-22).

Nde, na tango tozali kokumisa Nzambe mpe tozwa kopema na solo kolandana na mokano na Nzambe na Mokolo na Nkolo, Nzambe Akosepela mpe Akopambola biso. Lokola molimo na biso ikofuluka, Ye Akotika ete makambo nioso matambola malamu mpona biso mpe aAkomisa biso nzoto malamu, mpe Akomisa nioso Etambola malamu mpona biso kati na poso mobimba.

3. Moko na Zomi mpe Mabonza nioso

"Kopesa moko na zomi" ezali mobeko na Nzambe kopesa na biso motindo mpo ete topesa na Nzambe moko na zomi na lifuti na biso nioso, yango mpe ezali elembo na kondima ete biloko nioso izali na Nzambe Ye oyo Akelaka ba likolo mpe mokili mpe biloko nioso kati na bango. Nzambe Alingi biso topesa na Ye moko na zomi na mobimba mpe mabonza.

1) "Kopesa moko na zomi nioso" ezali mokano na Nzambe mpe mosala na kondima Bokonzi na Nzambe likolo na biloko nioso.

Malaki 3:5-9 elimboleli biso ete tina oyo bana na Yisalele balakelamaki mabe ezalaki mpo ete bakomaki mosika na mibeko na Nzambe na kozanga na kopesa moko na zomi nioso mpe mabonza epai na Nzambe. Moko na zomi na kokoka etalisi moko na zomi na nioso na lifuti na biso ata lifuti na bombongo, mosala mpe ba nzela misusu.

Ata soki tosalaki mpe tozwi mafuti nioso na nzela na motoki na biso, makasi mpe mitoki, tosengeli kondima ete mafuti yango ezali na biso te, kasi na Nzambe Ye oyo Azali mokonzi ba likolo mpe mokili mpe biloko nioso kati na bango mpe Ye wana Apesi mafuti wana epai na biso. Na boye, tondimi ete tozali kaka batambwisi pamba, nde Asengi na biiso ete tozongisa epai na Ye kaka moko na zomi na lifuti yango.

2) Ba nzela na kopesa Nzambe Moko na Zomi na biso nioso ezali ete:

Yambo, tosengeli kopesa moko na zomi na nioso na mafuti na biso.

Mibale, tosengeli kotia moko na zomi na biso mosika na mabonza na biso.

Misato, tosengeli kopesa moko na zomi na bison a egelesia eye ezali kopesa biso bilei na molimo.

Minei, moko na moko na biso tosengeli kopesa moko na zomi mpona ba nkombo na biso moko.

Mitano, tosengeli kopesa moko na zomi na biso ata mbala moko na sanza.

Motoba, ata ba oyo bazali na lifuti na momesano te mpona mosala na bango basengeli kaka kopesa moko na zomi mpona bilei bamesana koaomba, biloko bakopesaka bango, mpe na biloko misusu.

Sambo, moko na zomi esengeli kotiama na pembenoi mosika na lifuti na biso to mpe depense misusu.

3) Mabonza etalisi kopesa na lolenge nioso oyo epesami epai na Nzambe

Na tango tozali kopesa mabonza na Nzambe, tosengeli kopesa oto ezali na mbeba moko te, tosengeli kopesa yambo na biloko na biso nioso; tosengeli kopesa na matondi, kasi na koyimayima te to mpe na kotindikama te; mabonza oyo tokanaki na kopesa Nzambe esengeli soko kopesama to mpe kokabama na oyo na basusu, mpe yango esengeli komemana na etumbelo mpe babondela mpona yango epai na moteyi na nzela na komamama na loboko.

Mabonza yango makabolama na ba lolenge na lolenge ata libonza na kopema matondi, libonza na matondi mpona mosala na Nzambe to mpe mpete epesameli biso, libonza na masumu mpona masumu oyo biso tosalaki, libonza na kimya mpona kozongisama na boyokani na Nzambe, bongo na bongo.

Tosengeli te kopesa matondi epai na Nzambe kaka na maloba, kasi mpe kopesa Ye mabonza kati na misala na kondima. Bongo Nzambe Akondima yango na esengo mpe Akozongisela bison a mapamboli masengela.

Moko na zomi elongo na mabonza mazali na Nzambe, bongo moto moko te akoki kosalela yango na lolenge elingeli ye.

Masengeli kosalelama na nzela na mabongisami na misolo kati na egelesia elongo na mokano na Nzambe.

4) Na tango tokopesa moko na zomi mobimba mpe mabonza, lipamboli na Nzambe ekoyeila biso.

Kati na Malaki 3:10 Nzambe Alaki na biso ete soki tomemi moko na zomi mobimba kati na ebombelo na Nzambe Ye Akosopela biso mapamboli kino tango ekosopana. Nzambe Alobeli na biso ete tomeka ata Ye mpe tomona soko Ye Akokokisa elaka na Ye te. Azali kolikya ete na nzela na momekano na moko na zomi, at aba oyo bakobeta tembe na elaka na Ye mpe bakopesa moko na zomi na kotindikama to na kobanga bakoya na kososola, kotubela, mpe batosa na kondima mpe bongo bakoma na mondelo na lobiko mpe bazwa lipamboli.

2 Bakolinti 9:6-7 elobi ete ye oyo akokona moke akobuka mpe moke, ye oyo akokona ebele, akobuka mpe ebele.

Na tango tososoli malamu mokano na Nzambe mpe totambwisi bomoi kati na Kristu malamu koolandana na mokano na Nzambe, tokoka kosepelisa Nzambe mpe tozwa mapambooli nioso eye Nzambe Alakaka mpona kopesa biso. Bandimi kati na Nzambe oyo Abatelakka tango nioso elaka na Ye mpe oyo Azali bolingo yango moko basengeli kopesa Nzambe moko na zomi nioso mpe mabonza.

Chapitre 3
Mapekisami mpona bandimi na eyamba

Bandimi lokola bana na Nzambe bazali na misala eye basengeli kobatela, bazali mpe na makambo oyo basengeli kokima.

1. Tosengeli te kokamata nkombo bulee na Nzambe na pamba liboso na bato, soko mpe kozala na liloba moko to mpe misala na kowangana to mpe na kotiola.

2. Tosengeli te kondimela Biblia na ndambo soko mpe te kokata, kolongola to mpe kotonga mimoniseli na Nzambe kati na kolimbola Biblia.

3. Tosengeli kozala mosika na makambo na mokili to mosala mpe soko te komikotisa kati na misala na kotekisa to mpe kosomba na mokolo na Nkolo.

4. Tosengeli soko koyemba ba nzembo na mokili miye mizali na nsoni to mpe na lolenge na pamba , soko mpe kobina na lolenge na baton a mokili eye izali malamu te to mpe na kolula. Tosengeli te kokende na bisika na kosepelisa nzoto to mpe na kosakana iye ekotombola nzela na kosumuka.

5. Tosengeli kozala mosika na maloba na mazanga tina, maloba na banyokoli, na kokosela, na kotuka, na kosambisa na mayele te, na kokatela mabe, maloba na pamba pamba, malonba na nsoni, na lokuta, mpe maloba nioso mazanga tina.

6. Tosengeli te kozongisa mabe mpona mabe, kasi tango nioso totia miso na biso na makambo malamu. Tosengeli moko na moko kati na biso tofundana te na tribunal na mibeko. Tosengeli mpe te komema basusu na kosala oyo biso tokotikala na kosala te.

7. Esengeli te kozala na bobongolami na misolo to mpe na kozala na ndanga mpona niongo na moto mosusu kati na bandimi soko moke te.

"Zala moko na ba oyo bakobetana matandu te to na bango bakozala ndanga mpona nyongo te." (Masese 22:26)

8. Tosengeli te kosala misala na mimonani na mosuni "Misala na nzoto mimonani polele, yango oyo: ekobo, makambo na bosoto, pite, kosambela bikeko, ndoki, nkaka, kolulela, kokabwana, koponapona, koboma bato, kolangwa masanga, bilambo na lokoso mpe makambo na motindo yango. Nazali kokebisa bino lokola ekebisaki ngai bino liboso ete baoyo bakosalaka makambo yango bakosangola Bokonzi na Nzambe te." (Bagalatia 5:19-21)

9. Tosengeli sengeli soko moke te kosala lisumu moko ekomema moto na kufa.

"*Soko moto nani amoni ndeko na ye kosala lisumu lizali lisumu na kufa te, alomba mpe Nzambe Akopesa bomoi, na bango bazali kosala lisumu na kufa te. Lisumu na kufa ezali; nalobi te ete alomba mpona yango.*" *(1 Yoane 5:16)*

<Masumu ikomema moto na Kufa>
1) Koloba mabe, kotelemela, mpe kotiola Molimo Mosantu
   (Matai 12:31-32; Malako 3:29; Luka 12:10)
2) Kobaka lisusu Nkolo na ekulusu mpe kotalisa Ye na nsoni na miso na bato
   (Baebele 6:4-6)
3) Kokoba na kosumuka na nko sima na kozwa boyebi na solo
   (Baebelle 10:26-27)

Matai 12:31-32
"Bongo nazali koloba na bino ete, bato bakolimbisama masumu nioso mpe kotuka nioso, nde lituki kotuka Molimo na bulee bakolimbisama yango te. Ye nani akoloba liloba kotelemela Mwana na Moto akolimbisama yango. Nde ye nani akoloba liloba kotelemela Molimo Mosantu akolimbisama te, soko nan tango oyo soko nan tango ekoya."

Malako 3:29
"Kasi soko nani akotuka Molimo Mosantu akoki kolimbisama te, kasi akwei na lisumu na seko."

Luka 12:10
"Mpona moto na moto akoloba mabe na ntina na Mwana na Moto, ekolimbisamela ye; nde mpona oyo akotuka Molimo Mosantu, ekolimbisamela ye te."

Baebele 6:4-6
"Pamba te mpona bango basili kongengelama pole mpe koleta likabo na Likolo mpe kosangana na Molimo Mosantu, bayoki elengi na Liloba na Nzambe mpe nguya na ekeke ekoya; soko na nsima basili kopengwa, nzela na kobongola bango lisusu na motema ezali te mpo bazali kobakisa Mwana na Nzambe na ekulusu bango mpenza, mpe bazali kotiola Ye."

Baebele 10:26-27
"Pamba te soki tokosalaka masumu na nko nsima na kozua boyebi na solo, mbeka mpona masumu izali lisusu te. Etikali bobele kotalela esambiseli na nsomo mpe moto na nkanda oyo ekozikisa batelemeli."

Chapitre 4 — Libala, Matanga, mpe Lilita

1. Bomoi na Libala

Mpo ete Libala ezali milulu na bulee oyo Nzambe Ye moko Atia, mobali mpe mwasi basengeli te na kozwa mokano lolenge elingi bango, kasi bakeba mingi mpona ekateli na bango. Ba oyo bakotalaka libala basengeli kobatela eloko oyo:

1) Mondimi asengeli kobala mopagano te.

2) Na tango mondimi na eyamba alingi kobala, ye asengeli kozwa malendisi epai na Pasteur na ye, mpe ye asengeli te kosangisa nzoto na liboso na libala na ye.

3) Baboti basengeli kotindika bana na bango mpona

kobala te to mpe kotelemela libala na abngo soki eloko moko te epekisi kati na Biblia mpona libala na bango. Bana basengeli kozwa kondimama na baboti na bango to mpe babateli na bango.

4) Libala na bandimi esengeli kokambama epai na Pasteur. Na tango Pasteur abengami mpona kokamba milulu na libala, ye asengeli kondimela babalani ete bazala na libala sima na kondimama na libala oyo esengeli.

5) Esengeli soko moke te babalani baboyana soki kaka moko na bango amemami na makasi ete awangana lobiko na ye epai na ye mosusu.

Soki ekokoka, Nzambe Alingi te babalani ete baboyana, kasi bango basala libota na esengo.

Soki ekokoka, Nzambe Alingi te babalani bakabwana, kasi basala libota na esengo. Soki bakutani na eloko esika basengeli kotala bokabwani, bakoki kolinga kobika mpona tango moko na bokabwani mpe babondela. Ezali motuya mingi mpona babalani bameka oyo esengeli na bango komeka mpona lobiko na mwasi na bango to mpe bana.

"Nazali koloba na bamosusu (liloba oyo euti epai na Nkolo te) ete soko ndeko moko azali na mwasi oyo azanga kondima mpe ye asepeli kofanda na ye, ekoki na mobali kolongola ye te. Mpe soki mwasi azali na mobali oyo azangi kondima mpe asepeli kofanda na ye, ekoki na mwasi kolongwa na ye te. Mpo ete mobali oyo azangi kondima akobulisama na ntina na mwasi mpe mwasi oyo azangi kondima akobulisama na ntina na ndeko mobali; soko te bana na bino bakozala na mbindo nde sasaipi basili kobulisama." (1 Bakolinti 7:12-14)

Kasi Biblia elobeli biso ete soki mwasi akwei na ekobo na mobali mosusu, ekozala ntina esengeli mpona kokabwana na ye (Matai 19:9).

6) Basengeli te kozala na makango; basengeli te kozala na mabala mibale; basengeli te kobala mwasi oyo azali na mobali to mpe mobali oyo azali na mwasi.

2. Matanga

1) Milulu na mbeto na mokufi

Mpona oyo etali kufa na mondimi oyo andimela Nkolo, nzoto na ye esengeli kobongisama mpe milulu na mokufi epesama epai na Nzambe.

2) Milulu na Sanduku

Nzoto na mowei esengeli kofinikama mpe kotiama kati na sanduku na mowei, mpe milulu na sanduku ipesama.

3) Lolenge na Kolela

Bandimi basengeli te kofukama to mpe kotumba malasi liboso na nzoto na mokufi na tango bakei matanga, kasi kutu basengeli na kopesa losako na libota iye itikali mpe babondela na kati na motema.

4) Lolenge na Matanga

Bakoki kozala na matanga na mikolo 3- to mpe 5 kolandana na mokano na libota. Basengeli kopesa mabondeli na tango cortege na ebembe ezali kolongwa mpona nkunda, mpe liboso na kokotisa mowei na mabele. Basengeli koboya kosala yango na mokolo na eyenga.

3. Mayangani na Mowei

Na ntina na kobanza mowei, mayangani na kobanza ekoki kopesama epai na Nzambe na mokolo na kufa na mowei.

Eteni 2.
MOBIMBA NA MALONGI

Chapitre 1 Mpona Bomoina Bakristu

Chapitre 2 Mpona Biblia

Chapitre 3 Mpona Esakola na Eyamba mpe Doctrine

Chapitre 1
Mpona Matali Bomoi na Bokristu

1. Mikolo boni obanda koya na eyamba?

   [ba sanza boni] ba sanza.

2. Obatelaka Mokolo na Nkolo bulee wuta obansa koya kati na eyamba?

   (Eyano malamu mpona motuna eye ezalaka kaka, "Iyo, Amen")

3. Ozali bongo kolikya na koyangana kati na ebele na mayangani mpe milulu misusu mikosalemaka kati na eyamba?

   [Iyo]

4. Ozali solo kolikya na kondimaka tango nioso ete egelesia ezali esika bulee mpe na kosala na lolenge na bonzambe kati na eyamba mpe kosalela biloko nioso lokola na motuya mingi?

[Iyo]

5. Nani yo okongumbamelaka kati na mayangani?

[Nzambe]

6. Nini mabondeli mazali?

[Mabondeli mazali mpema na molimo na biso, lisolo kati na Nzambe mpe na bana na Ye, mpe nzela na kozwa biyano na Nzambe mpe makasi.]

7. Na nani tosengeli kobondela?

[na Nzambe]

8. Na nkombo na nani osengeli na kobondela?

[Na nkombo na Yesu Christu]

9. Lolenge nini tosengeli kobondela?

A) Na momesano

B) Na Kobeta mabolongo

C) Kati na konganga

D) Na Nse na Motema

E) Kati na kondima mpe na Bolingo

F) Kolandana na mokano na Nzambe

G) Na molende mpe na makasi

10. Hymne ezali nini mpe lolenge nini esengeli na koyembama?

[hymne ezali buku eye ezali lisanga na ba nzembo na lolenge na lolenge mpona kosanjola Nzambe, mpe misengeli koyembama na bobangi na kongumbamela mpe na bosolo.]

11. Bino bokotangaka mpe bokoyekolaka makomi?

[Iyo]

12. Bokolikyaka na kotosa mpe kolanda malakisi mpe kotambwisama na egelesia?

[Iyo]

13. Bino bososoli ete komela makaya mpe masanga misengeli ten a mokano na Nzambe mpe boboyi yango?

[Iyo]

14. Bongo bino bokomibatela na kongumbamela bikeko, kotia elikya na bato soloka, mpe kotala ba nganga kisi?
[Iyo]

15. Bokomikanga na kosepelaka na masano mpe makambo misusu masengela te na bisengo na mokili?
[Iyo]

16. Ekolinga bino kozala mosika na bombongo na kodefisana misolo mpe makambo na lolenge wana?
[Iyo]

17. Bongo bino bokumisaka baboti na bino kati na Nkolo?
[Iyo]

18. Bino bozali na bosenga na kopeka makasi na libota na bino mpona koya na egelesia?
[Iyo]

19. Kombo na egelesia na bino ezali nini?
(Egelesia _____).

20. Paroise nini mpe lisanga na mission nini kati na egelesia bino bazali?

   (_____).

21. Bondimaka ete egelesia ezali lisanga na bato oyo babiangama epai na Nzambe?

   [Iyo]

22. Bino bozwa ekateli na kondimela Nzambe kino tango na bino na suka?

   [Iyo]

Chapter 2

Concerning the Bible
Mpona oyo etali Biblia

1. Nini ezali buku esantu na Bokristo?

    [Biblia]

2. Kati na biteni minene mibale nini Biblia ekabolama ?

    [Kondimana na Kala mpe Kondimana na Sika]

3. Ba buku boni esali Biblia?

    [Ntuku –motoba na motoba: ba buku 39 na Kondimana na Kala mpe ba buku 27 na Kondimana na Sika]

4. Biblia ezali Nini

    [Biblia ezali kokomama na Liloba na bomoi na Nzambe.]

5. Nani akomaka Biblia mpe lolenge nini esalemaka?
[Baponami na Nzambe bakomaki yango na Lisungi na Molimo na Nzambe.] (2 Timote 3:16)

6. Buku nini kati na Biblia ekomi kokela na Nzambe na ba likolo mpe mokili mpe na bato?
[Genese]

7. Buku nini kati na Biblia ekoma Mibeko Zomi eye Mose azwaka kowuta na Nzambe?
[Esode]

8. Na mokolo nini Nzambe asalaka moto kati na kokela na Ye na ba likolo mpe na mokili mpe biloko nioso kati na bango?
(Na mokolo ya motoba; Genese 1:27).

9. Kolandana na Biblia, ba nani bazalaka ba koko na bato nioso?
[Adamu na Ewa]

10. Lolenge nini Nzambe Asalaka moto na liboso, Adamu?
[Nzambe Asalaka moto na liboso na mputulu na mabele, mpe Apemaki kati na zolo na ye mpema na bomoi, nde bongo moto akomaka ekelamo na bomoi.]

11. Mbuma na lolenge nini Adamu na Ewa baliaki mpo ete baboya kotosa Liloba na Nzambe?
    [Mbuma na nzete na boyebi na malamu mpe mabe]

12. Sima na Nzambe kosala nyama nioso na mokili mpe ban deke nioso na likolo, nani apesaki moko na moko na bango kombo?
    [Adamu]

13. Ba nani bazalaki bana oyo Adamu na Ewa babotaka na mokili lolenge ekomama kati na Biblia?
    [Caina. Abele, Sethi]

14. Nani atambolaka elongo na Nzambe mpona ba mbula 300 mpe bongo akamatamaka na Lola na bomoi?
    (Enoka).

15. Nani abengamaka "moyengebene, moto mozangi mbeba" mpe asalaka masua liboso na Mpela Monene?
    [Noa]

16. Nani abengamaka "Tata na Kondima"?
    [Abalayama]

17. Nani Abalayama abotaka na mbula 100?

    [Yisaka]

18. Ba nani bazalaki bana mibale Yisaka abotaka?

    [Ezau na Yakobo]

19. Nani atekisaka bokulutu na ye epai na leki na ye mobali likolo na kopo na supu na ndunda?

    (Esau).

20. Bana boni Yakobo abotaka lokola 'Tata na Yisalele'?

    [Babali Zomi na mibale]

21. Muana nani na bana na Yakobo atekisamaka kati na boumbo na Ejipito kasi apambolamaka mpona kokoma mokonzi na mabele sima na Falo?

    [Yosefe]

22. Nani atambwisaka bato na Yisalele kati na boumbo na Ejipito na kobiangama na Nzambe?

    [Mose]

23. Buku nini kati na Biblia ibengami "Pentateuque" to "Ba buku Mitano na Mose"?

[Genese, Esode, Lewitiko, Mituya, mppe Dutelonome]

24. Esika wapi Mose Azwaka Mibeko Zomi longwa na Nzambe?

[Likolo na Ngomba na Sinai]

25. Mabele nini Nzambe Alakaka na bana na Yisalele lokola libula na bango?

[Mabele na Kanana]

26. Nani atambwisaka bana na Yisalele kati na mabele na elaka lokola mokitani na Mose?

[Yosua]

27. Nani azalaki mosambisi na suka na Yisalele oyo apakolaka mafuta esantu na Saulo lokola mokonzi na Yisalele?

(Samwele).

28. Mokonzi nani na Yisalele alongaka ngoluu eleki monenne na Nzambe kati na Kondimana na Kala?

[Dawidi]

29. Nini nkombo 'Yesu' elakisi?

Ye oyo akobikisa bato na masumu na bango

30. Esika wapi Yesu abotamaka?

(Na Beteleme ya Yudea).

31. Esika wapi Yesu abikaka kati na bomwana na Ye?

(Na Nazarete ya Galile).

32. Ba buku nini kati na Biblia mazali kotatola bomoi kati na mokili mpe mosala na Yesu?

[Ba buku minei na Sango Malamu na Matai, Malako, Luka mpe Yoane]

33. Ba mbula boni eleka Yesu Ayaka kati na mokili oyo?

[Calandrier oyo tozali kosalela efandisama kati na mmbotama na Yesu. Nde bongo Yesu abotamaka------------ mbula eleka.]

34. Lolenge nini Yesu Asalamaka kati na moseka Malia?

[Yesu Asalamaka kati na moseka Malia na nguya na Molimo Mosantu.]

35. Elombi nini na liboso Yesu asalaka na Kana, na Galilea?
[Bikamwa na kobongola main a vigno]

36. Bayekoli boni Yesu Azalaki na bango?
[Zomi na Mibale]

37. Lolenge nini Yesy Akufaka?
[Abakamaka na ekulusu mpona kosikola bato nioso na masumu na bango]

38. Nani kati na bayekoli na Yesu akakataki Ye mpe atekisaki Ye mpona makuta na palata ntuku misato?
[Yuda Mokeliota]

39. Tango boni Yesu Abakamaki na ekulusu?
[Tango Motoba]

40. Tina nini Yesu abetamaki sete na maboko mpe na makolo na Ye?
[Ezalaki mpona kosikola bison a masumu na biso oyo tokosalaka na maboko mpe na makolo na biso.]

41. Mpona nini Yesu alatisamaki motole na nzube?

[Ezalaki mpona kosikola biso na masumu tokosalaka na makanisi na biso.]

42. Yesu Akufaka mpe Akundamaka. Na mokolo nini sima na kokumdama na Ye Asekwaka na kufa?

[Asekwaka na mokolo na misato.]

43. Nini Yesu Asalaka sima na kosekwa na Ye?

[Amitalisaki Ye mpenza epai na bayekoli na Ye mpona mikolo 40 mpe sima Anetwamaka na Lola.]

44. Nani ayebi ngonga mpe mokolo na Kozonga na Nkolo?

[Bobele Nzambe Tata] (Matai 24:36; Malako 13:32)

45. Buku nini na Kondimana na Sika etalisi lisituale na Misala na bantoma?

[Buku na Misala na Bantoma]

46. Aposolo nini ateyaka Sango Malamu na Yesu Christu epai na Bapaya na komonisama na nguya na Nzambe ata soki azalaka moyekoli na Yesu na ebandeli te?

[Ntoma Paulo]

47. Buku nini kati na Biblia ekoma bimoniseli mpe masakoli likolo na lobi ekoya eye ekomama na ntoma Yoane?

[Buku na Emoniseli]

48. Nini ezali lifuti na lisumu kolandana na Biblia?

[Kufa] (Baloma 6 :23)

49. Bokonzi nini epesamela biso epai na Nzambe na tango tondimeli Yesu Christu lokola Mobikisi na biso?

[Makoki na kokoma bana na Nzambe] (Yoane 1:12)

Chapitre 3
Kolandana na Esakola na Egelesia mpe Doctrine

1. Kobanda wapi mpe kino wapi Nzambe Azali?
   [Na bikeke na bikeke] (Njembo 90:2)

2. Ba Nzambe boni bazali kuna kati na mokili ete tosengeli kongumbamela?
   [Bobele Nzambe moko]

3. Bino bozali kondima ete Nzambe Akelaka ba likolo mpe na mokili na Liloba na Ye?
   [Iyo]

4. Bino bozali kondima Lola mpe Lifelo izali solo?
   [Iyo]

5. Na nkombo na nani tokoki kobikisama?

[Na nkombo na Yesu Christu]

6. Lobiko ezali nini?

["Lobiko" ezali kobikisama na nzela na kondima kati na Yesu Christu na kufa iye eyaka mpona masumu mpe kozwa bomoi na seko.]

7. Nini Christu elakisi?

[Christu elakisi "mopakolami" kotalisa Mesia.]

8. Bibo bondimi ete lobiko ezali na nkombo mosusu te kaka na nkombo na Yesu Christu?

[Iyo]

9. Likabo nini Nzambe Apesaka na ba oyo bandimeli Yesu Christu lokola Mobikisi na biso?

[Molimo Mosantu]

10. Bongo bino boyyebaka mpe bondimaka esakola na ba ntoma lokola litatoli na bino na kondima?
(Iyo).

11. Nini ezali ba limbola na mayangani.
[Mayangani na Eyenga ntongo, Mayangani na Eyenga mpokwa, Mayangani na Mpokwa o mokolo na misato, mpe Mayangani na mokolo na Mitano na butu Mobimba]

12. Lolenge nini tosengeli na komibonza kati na mayangani?
[Tosengeli kolanda na bokebi na etape nioso kati na mayangani kobanda na libondeli na kimya kino libondeli na Nkolo to mpe libondeli na lipamboli na moteyi.]

13. Nini ezali limbola na Mokolo na Nkolo?
[Ezali Sabata na biso eye Nzambe Apambola mpe Abulisa, na wapi biso tokoki kozwa bopemi na solo kati na Nkolo.]

14. Nini ezali nkombo na lisango eye eyamba na biso ezali?
[Lisanga na Eyamba na Yesu Christu mpona kobulusama]

15. Nini ezali biteni mtano na Sango Malamu mpona Kobulisama, eye ezali doctrine mitano na minene na eyamba na biso?

(Bolamuki, Bosantu, Bobikisi ya Bonzambe, . Lisekwa mpe Boyei ya Mibale ya Nkolo).

16. Milulu nini tozali kobatela kati na eyamba na biso?

[Pasika; Elambo na kobuka; Kopesa matondi (Elambo na lisanga; Mbotama]

17. Bino bozali kondima ete Biblia ezali Liloba na Nzambe eye ezanga ereur mpe ewumelaka seko?

[Iyo]

18. Na nini moto akesana na ba nyama?

[Na bokeseni na ba nyama ba oyo bazali na molimo te, bato bakelamaki na elilingi na Nzambe na molimo, molema, mpe nzoto, nde wana bakoki kobanga Nzambe.]

19. Bino bozali kondima ete Yesu Azali Nzambe na ebandeli, kasi Ayaka kati na mokili na lolenge na moto mpona kosikola bison a masumu na biso?

[Iyo]

20. Bino bokoboya mangomba na kopengwisa ba oyo baboyaka Nzambe Misato to mpe ete Yesu Ayaka kati na mokili oyo kati na mosuni, abakamaka, mpe Asekwaka; mpe bino bokomibatelaka mpenza na kolobana minoko na baton a lolenge wana?

[Iyo]

21. Bino bokondimaka kozonga na mibale na Nkolo?

[Iyo]

22. Na tango nini Kosambisama na Ngwende Monene na Pembe ekosalema?

[Ikosalema sima na Bokonzi na Nkoto Moko ekosila.]

23. Tango boni bomoi na biso na Lola ikozala?

[Bokonzi na Lola ezali seko, nde bongo ba bomoi na biso na Lola mpe ikozala seko.]

Chapitre 1 Mpona Bomoi na Bakristu

Chapitre 2 Mpona Biblia

Chapitre 3 Mpona Doctrine na Eyamba mpe Esakola

Chapitre 1
Mpona Oyo Etali Bomoi na Bokristu

1. Nini ezali makoki mpona kobatisama?

   [Basengeli kosilisa malongi na mobimba mpona ba sanza 4 to 5 liboso na libatisi, kokota na egelesia na momesano, mpe bazala na kondima mpona lobiko.]

2. Bino bomesana kobatela Mokolo na Nkolo bulee na momesano sima na kosilisama na malongi mobimba?

   [Iyo]

3. Bino botangaka Biblia na momesano mikolo nioso?

   [Iyo]

4. Bomesana kobondela na momesano mikolo nioso?

   [Yes]

5. Bino bopesaka moko na zomi na Nzambe mpe mabonza na matondi mpe mpona bilambo?

[Iyo]

6. Bino boteyaka sango malamu epai na basusu?

[Iyo]

7. Sima na libatisi, lokola mondimi na eyamba bino bozali kolikya na komibonza bino mpenza mpona komikaba mpe mosala na sango malamu na eyamba?

[Iyo]

8. Bino boyanganaka kati na mayangani na cellule?

[Iyo]

9. Bino boyaka na mayangani na Eyenga na lisanga na mision na bino ?

[Iyo]

10. Bozali na mposa na kolongola mabe na lolenge nioso na kozanga na komisangisa na mokili mpe na kokokisa motema na Nkolo eye ebulisama?

[Iyo]

11. Lolenge nini tosengeli koyangana?

[Tosengeli konyangana na molimo mpe na solo]

12. Nini ezali tubela na solo?

[Ezali koyeba mpe kondima été tozali basumuki, kotubela na masumu na biso na mpinzoli kotanga mpe na kopasola na motema, mpe kolongwa na masumu.]

13. Eyamba ezali nini?

[Eyamba ezali lisanga na ba oyo bayoka solo mpe bazwa bomoi na seko; ba oyo batosaka Yesu Christu lokola Moto na egelesia; mpe ba oyo balakisama kobika bomoi na boyengebene epai na Pasteur mokambi.]

14. Nini ezali ezaleli na solo kati na kolimbola Biblia?

[Makomi nioso mapesami na Nzambe, nde bongo tosengeli kolimbola yango na lisungi na Molimo Mosantu na nzela na mabondeli makasi, mpe tosengeli te kolimbola mimoniseli mpe masakoli kati na kotonga.]

Mpona oyo Etali Biblia

Chapitre 2

1. Lolenge nini tokoki kondima bozali na Nzambe?

   [Na nzela na mokili eye Nzambe Akela (Baloma 1 :20) mpe Bilia, oyo izali kokomama na Liloba na Nzambe (2 Timote 3 :15-17)]

2. Mpo na nini Nzambe akelaki bato?

   [Mpona kozwa bana na solosolo ba oyo bakopesaka Ye nkembo mpe basengeli mpona kokabola bolingo elongo na Ye]

3. Nini ezali molongo kati na Kokelama na Mokili?

   [Mokolo na 1: pole; na 2: etando; na 3: mabele, bibale, matiti, ba ndunda mpe ba nzete; mokolo na 4 : moi, sanza, mpe minzoto ; mokolo na 5 : mbisi mpe bandeke ; mokolo na 6 : ban yama, bibwele, mpe moto]

4. Bomoi na lolenge nini Nzambe Apambolaki bato ete babika?

[Nzambe Apambolaki bango ete bafuluka, bakoma ebele mpe bakonza mokili mpe bakonza likolo na ekelamo nioso na bomoi.]

5. Nini ezali ntina mpona bato kozanga kosepela na mapamboli nioso eye Nzambe Apesaka bango?

[Ezali mpona bozangi botosi na mobeko na Nzambe mpe kosala lisumu na kolia na nzete na boyebi na malamu mpe mabe.]

6. Elakeli mabe nini epesamelaki nyoka oyo amekaka Ewa ete asumuka?

[Nyoka alakelamaki mabe na kolia mputulu mikolo nioso na bomoi na ye mpe na konguluma na libumu na ye.]

7. Elakeli mabe na lolenge nini epesamelaki na moto na liboso mpe mwasi na liboso na tango baliaki mbuma epekisama na Nzambe?

[Moto ayaka na kolia ndunda na elanga mikolo nioso na bomoi na ye kaka na milunge na nzoto mpe na elongi na ye. Mwasi alakkelamaki mabe mpona konyokwama pasi koleka na tango na kobota bana, kozala na mposa mpona mobali na ye, mp ena kokonzama epai na ye.]

8. Lolenge kani Kondimana na Kala ekabolama?

[Ba pentateuque (Mibeko na Mose; Genese kino na Dutelonome), Ba buku na lisituale (Yoshua kino Esetele), ba Buku na ba nzembo (Yobo kino loyembo na Salomo), mpe Ba buku na masakoli (Yisaya kino Malaki)]

9. Lolenge nini Kondimana na Sika ekabolama?

[Ba buku minei na Sango Malamu (Matai kino Yoane), buku na lisituale (Buku na Misala), ba episiko (Baloma kino Yuda) mpe Lisakoli (Emoniseli na Yoane)]

10. Momekano na lolenge nini Abalayama alekaka mpona kokoma tata na kondima?

[momekano na kobonza muana na ye se moko Yisaka, lokola mbeka na kotumba]

11. Esika wapi Yakobo appesamaki nkombo na Yisalele?

[Na ebale na Yabok]

12. Lolenge nini Nzambe Akambaka bana na Yisalele kati na lisobe?

[Nzambe Atambwisaka bango na lipata na nkembo na moi mpe na butu na likonzi na moto.]

13. Na nini Nzambe Asungaki na yango bana Yisalele lokola bilei kati na bomoi na bango na tango na lisobe sima na kobima?

[Mana mpe kanga]

14. Mose azalaka moto na lolenge nini?

[Mose azalaka moto na kosokema na koleka moto nioso na mokili mobimba, na sembo kati na ndako mobimba na Nzambe, mpe na kokoka esengela mpona komona Nzambe elongi na elongi.]

15. Kati na ba oyo bazalaka na ba mbula 20 to na likolo na tango na Esode, ba oyo epesamelaka bango kokota na mabele na Kanana?

[Yosua mpe Kalebe]

16. Nani azalaki mokitani na Mose? Nini ye asalaka?

[Ezalaki Yosua. Akambaka bana na Yisalele kati na mabele na Kanana, azwaki mabele mpe akabolaki yango kati na mabota zomi na mibale.]

17. Nini ezalaki ekeke, wapi bana na Yisalele bakambamaki na Nzambe na mokonzi likolo na bango te ebengamaka?

[Ekeke na basambisi]

18. Nini basambisi na Biblia basalaka na lisituale na bana na Yisalele?

[Bazalaka bakonzi na theocracie ba oyo bazalaka na mosala kobanda tango wapi bana na Yisalele bafandaka kati na mabele na Kanana kino tango bakomaka na Bokonzi.]

19. Nani Azalaka mokonzi na liboso na Yisalele oyo aboyaka kotosa Liloba na Nzambe mppe na suka abwakisamaki na Nzambe?

[Saulo]

20. Mokonzi nini na Yisalele atongaka Tempelo na liboso na Yelusaleme mpe azalaki na bwanya monene?

[Solomo]

21. Nini esalemaka na Bokonzi na Yisalele sima na Mokonzi Salomo akufakka mpe mwana na ye Lehobama azwaki bokonzi?

[Bokonzi ikabwanaka na bokonzi mibale: Bokonzi na likolo na Yisalele mpe Bokonzi na Ngele na Yuda.]

22. Nini esalemaka na Bokonzi na Likolo na Yisalele na suka?
[Ebbebisamaka na Asylia.]

23. Nini esalemaka na Bokonzi na Ngele na Yuda na suka?
[Ekamatamaka na Babylona, mpe ebele na bato bazwamaki lokola bakangami.]

24. Nini esalaki Bayuda na tango bazongaka na mabele na bango longwa na boumbo na ba mbula 70 na bokangemi na Babylona?
[Batongaka lisusu Tempelo na Yelusaleme.]

25. Nini basakoli na Kondimana na Kala basalaka?
[Bazwaka Liloba na Nzambe mpe basakolaka yango epai na bato na Ye.]

26. Kati na basakoli minene na koleka, bango minei kati na Kondimana na Kala, ba oyo bbasakolaka mpona Masia Nkolo na biso Yesu na kolekka?
[Yisaya]

27. Eteni nini na masakoli na basakoli elobeli likolo na Bolozi mpe kobbakama na Yesu na ekulusu na mozindo eleka?
[Yisaya Chapittre 53]

28. Mosakoli nini akendaka na Babylona lokola mokangemi, kasi ye abatelaka kondima na ye mpona Nzambe mpe atiamaka mokonzi na liboso sima na mokonzi Dalio?
[Daniele]

29. Nini ezalaka Bilambo misato minene mileka na Kondimana na Kala?
[Pasika (Elambo na Lipa ezanga mfulu}, Elambo na Baposo (Elambo na Kobuka), mpe Elambo na mingombo (Elambo na Kosangisama)]

30. Nini bokeseni kati na buku minei na Sango malamu mpe Sango malamu na synoptique?
[Ba buku minei iye ekoma bomoi mpe malakisi na Yesu mibengama "Buku minei na Sango malamu" mpe misato na bango iye ezali na lolenge moko na kotala makambo mibengama 'Sango Malamu na Synoptique."]

31. Mosala na lolenge nini Nkolo na biso Yesu Atalisaka lolenge ekomama kati na Buku minei na Sango Malamu?
  1) Atangisaka mokano mpe mabongisi na Nzambe mpe Apanzaka sango malamu na Bokonzi na Likolo.
  2) Abebisaka misala na moyini zabolo mpe Abimisaka milimo mabe.

3) Abikisaka ba oyo na malali mpe na bokakatani, mpe asekwisaka bakufi.

4) Asikolaka biso na masumu na bison a nzela na kobakama na Ye na ekulusu, mpe Apesaka biso elikya na lisekwa na kobuka nguya na kufa mpe Asekwaka.

32. Kati na Bayekoli 'Zomi na Mibale', ba oyo bazalaka ba misato oyo bazalaka kotambola elongo na Ye na pembeni mingi, ba nani Yesu Alingaka mingi na koleka?

[Petelo, Yakobo mpe Yoane]

33. Eteni nini na Sango malamu Minei ekomi Baton a Esengo, yango ezali eteni na mateya na Yesu na Ngomba?

[Matai Chapitre 5]

35. Baton a mayele longwa na ebimelo na moi batalaki mpe bangumbamelaki Yesu bebe mpe bapesaki Ye mabonza misato. Nini ezalaki mabonza yango?

[Wolo, malasi, mpe mola]

35. Nini ezali ba lolenge masengeli mpona kobondela, eye etalisamaka na Yesu lokola ndakisa?

[Tosengeli kobondela na momesano, kofukama nan se, kolandana na mokano na Nzambe, na molende mpe na makasi, mpe na kotombola mongongo.]

36. Tangani moke na masese na Yesu na wapi Ye Alakisaka bato.

[Lisese na Moloni, Lisese na nzete na Vigno, Lisese na Mosamalia malamu, Lisese na ba Talanta, Lisese na Basi Miseka Zomi, Lisese na Momboto na Senapi, Lisese na Mwana Kilikili, mpe bongo na bongo]

37. Na mokuse totanga bilembo minene na koleka eye Yesu Asalaka.

[Bikamwa na kobongola main a vigno, koleisa bato 5,000 na mapa mitano mpe mbisi mibale, kokitisa ba mbonge minene na mopepe na mai- na-monana, kotambola likolo na mai, mpe kosekwisa bakufi]

38. Bato na lolenge nini batelemelaki Yesu na tango na Ye?

[Ba nganga Nzambe Mikolo, ban ganga Nzambe, Bafalisai, Ba Saducei,...]

39. Nani akataka mpona kobakama na Yesu na ekulusu?

[Ponce Pilato]

40. Esika wapi Yesu Abakamaki na ekulusu?

[Na Gologota]

41. Mpona nini Yesu nde kaka Mobikisi na Bato?
    1) Azalaki moto, ndeko na pembeni eleki na Adamu.
    2) Azalaki mokitani na Adamu te.
    3) Azalaki na nguya na kosikola bato na masumu na bango.
    4) Azalaki mpenza na bolingo mpo été Akoka kokaba bomoi na Ye mpona basumuki.

42. Mpona nini Yesu Abakamaki na ekulusu na nzete?

[Mpona kosikola bison a elakeli mabe na Mobeko]

43. Mpona nini Yesu abetamaki fimbo mpe mpona nini Atangisaka makila?

[Mpona kopesa biso kimya mpe kosikola bison a ba bokono na ba lolenge nioso na kosilisa likambo na masumu iye ezali ntina na liboso na ba bokono nioso]

44. Nini yango elakisi na 'kolia nzoto na mwana na Moto'?

[Mosuni na Mwana na Moto etalisi Liloba na Nzambe, eye ezali solo, nde, 'kolia mosuni na Mwana na Moto' elakisi été 'kokomisa lipa na biso na molimo Liloba na Nzambe ekomama kati na Biblia.]

45. Nini yango elakisi na 'komela makila na Mwana na Moto'?

[Elakisi kosalela na kondima Liloba na Nzambe eye biso toyekolaki.]

46. Nani akomisi Tempelo na Ye esanto nzoto na biso mpe Ayingeli kati na motema na biso sima na biso kondimela Yesu Christu?

[Molimo Mosantu]

47. Sima na Yesu konetwama kati na Lola, na tango nini bayekoli na Yesu bayambaki nay ambo Molimo Mosantu?

[Mikolo Zomi sima na Yesu konetwama na Likolo na mokolo na Pentekote]

48. Nini ezali elembo na koyamba na Molimo Mosantu?

1) Tozali komeka kotosa Mibeko na Nzambe.

2) Tozali na esengo na kotosa Liloba na Nzambe kati na kosepela.

3) Tozali kobika bomoi na kopetolama mpe na bonzambe.

4) Tobandi kolinga bandeko babali mpe na basi kati na Christu na mozindo na mitema na biso.

5) Tokolonga mokili na kondima.

6) Toyei na kozwa assurance mpona lobiko.

7) Toyei na kondima été tozwi biyano na mabondeli na biso.

8) Tozali kobika bomoi kati na Nzambe.

49. Egelesia nini kati na mangomba Sambo bazwaki kaka kokumisama na Nkolo, mpo ete bango bakoma elembo mpona biyamba na lelo?

[Lingomba na Filadelefi]

50. Na ekeke na Lingomba na Ebandeli, nani oyo atiamaki lokola moko kati na ba ntoma zomi na mibale na esika na Yudasi Mokaliota?

[Matia]

51. Nani abatisaka mokonzi na etiopia mpe alimbolaka lisakoli kati na buku na Yisaya mpona ye?

[Mokambi Filipo]

52. Nani ezalaki ntoma Petelo?

[Petelo azalaki moto na liboso kati na ba ntoma zomi na mibale. Atatolaka liboso na Yesu ete, "Yo Ozali Kristo mpe Mwana na Nzambe." Akomaka ntoma mpona Bayuda, na kopalanganisaka sango malamu na misala na nguya na Nzambe kino tango ye abakamaka moto nan se mpe makolo likolo.]

53. Nani ezalaki ntoma Paulo?

[Liboso na ye aya koyebe likolo na Nkolo, ayokolaka bandimi na Yesu Christu. Kasi sima na ye kokutana na Nkolo na nzela na Dameseke, abonzaka bomoi na ye mobimba na koteyaka sango malamu epai na bapaya. Akomaka ba buku 14 na Kondimana na Sika.]

54. Nini ezali ba mbuma libwa na Molimo Mosantu?

[Bolingo, esengo, kokanga motema, boboto, bolamu, bosembo, bopolo, komikanga yo mpenza]

55. Nani ezali mokambi oyo asalaka bilembo minene mpe bikamwiseli na kotondisama na ngolu mpe nguya, kasi ye abolamaka mabanga na kufa lokola mobomami mpona kofundama ete ye azalaki kotiola Nzambe?

[Setefano]

56. Nini kati na ba Episico kati na Kondimana na Sika ibengami 'Ba Episcico na boloko' mpe mpona nini?

[Baefese, Bafilipi, Bakolose mpe Filemon: mikomamaki na Paulo kati na boloko na ye.]

57. Nini ezali Episico na basali na Nzambe'?

[Ntoma Paulo akomaka mikanda epai na balingami bayekoli ba ye Timote mpe Tito mpona misala na bango na Nzambe. Ezali Timote na yambo mpe na mibale, mpe Tito.]

58. Ata soki azalaki mopaya, ye azalaki moto na komipesa mpe oyo azalaki kobanga Nzambe elongo na ndako na ye mobimba. Apesaka ebele na mabonza epai na Bayuda mpe akobaki na mabondeli epai na Nzambe. Ye nani?

[Kolonele]

59. Biloko nini moto asalema na yango kolandana na malakisi kati na Biblia?

[Molimo, molema mpe nzoto] (1 Batesaloniki 5:23)

60. Nini ezali nkombo na esika na koyingela na Lola esika wapi Ngwende na Nzambe mpe bikuke na mangaliti izali?

[Yelusaleme na Sika]

Mpona oyo etali Doctrine na Egelesia mpe Esakola

1. Nini lisumu na ebandeli ezali?

[Bana nioso bakitani na yango, bizaleli, mpe lolenge na bilongi na baboti na bango. Wuta moto na liboso Adamu asalaki lisumu, ba oyo nioso babotami sima na ye babotami na lolenge na ye na masumu. Lisumu oyo nde lisumu na ebandeli.]

2. Mpona nini moto na liboso Adamu atosaki te Liloba na Nzambe?

[Ezali mpo été moto na liboso asalelaki mabe makoki na ye na kopona yango oyo Nzambe Apesaka na ye, mpe akweyaka kati na komekama na nyoka oyo azalaka na nse na kokonzama na Satana.]

3. Masumu na lolenge nini tozalaka na yango ?

[Lisumu na ebandeli mpe masumu oyo tokosalaka na biso moko.]

4. Lolenge nini likambo na lisumu ekoki kosilisama?

[Na tango totubeli na masumu na biso mpe tondimeli Nkolo Yesu Christu, tokoki kosikolama na masumu na biso na makila na kosikola na Yesu Christu.]

5. Nini ezali tina na 'Kozongisama sika' kati na sango malamu na bitape mitano?

[Etalisi mbotama na mai mpe na Molimo Mosantu. Elakisi été tobotami sika, longwa na masumu kino na boyengebene, na kosokolama na makila na Yesu Christu na nzela na tubela.]

6. Nini ezali tina na 'Kobulisama' kati na sango malamu na bitape mitano?

[Elakisi été ba oyo babotami sika balongoli masumu na mabe mpe babiki kati na Liloba na Nzambe mpona kokolisa kobulisama kati na lisungi na Molimo Mosantu.]

7. 'Lobiko kati na Nzambe' elakisi nini kati na sango malamu na bitape mitano?

[etalisi kobikisama na bokono mpe makakatani na nguya na Nzambe.]

8. Nini ezali limbola na 'Lisekwa' kati na sango malamu na bitape mitano ?
   [Etalisi kosekwa longwa na kufa. Kaka lolenge Yesu Abukaka nguya na kufa mpe Asekwaka, bana na Nzambe bakosekwa kati na ba nzoto na molimo oyo ekoki kobika mpona seko.]

9. Nini ezali ntina na 'Boyei na Mibale' kati na sango malamu na bitape mitano ?
   [Etalisi bozongi na Nkolo kaka na lolenge moko oyo Ye Anetwamaka na Lola.]

10. Bino bokondimaka solo ete Nzambe Akata wuta kkala te mpona ba oyo bakobika, kasi lobiko ezali kopona kati na kondima na moto na moto?
    [Iyo]

11. Bino bondimaka ete moto na moto azali na etape kati na kondima ikesana mpe bino bozali na mposa na komeka oyo ekoki na bino mpona kokoma na etape na likolo eleki kati na kondima?
    [Iyo]

12. Nini esengeli na biso kolongola kati na mokili mpona kolinga Nzambe kolandana na liloba imonana kati na 1 Yoane 2:16?

[Mposa mabe na nzoto, mposa mabe na miso, mpe lolendo na bizaleli na bomoi oyo]

13. Lolenge nini tokoki kolongola masumu oyo Nzambe Ayinaka?

[Elongo na makasi na biso moko mpona kolongola masumu, tosengeli kozwa ngolu mpe makasi na Nzambe mpe lisungi na Molimo Mosantu na nzela na mabondeli makasi.]

14. Nini ezali masumu komema moto na kufa?

[Yambo, kolobela mabe, kotelemela, kotuka mpe kotiola Molimo Mosantu (Matai 12:31-31; Malako 3:29; Luka 12:10); mibele, kobaka lisusu na ekulusu Nkolo mpe koyokisa Ye nsoni (Baebele 6:4-6); mpe na misato, kokoba na kosumukaka na nko sima na koyamba boyebi na solo (Baebele 10:26-27)]

"Bongo nazali koloba na bino ete, bato bakolimbisama masumu nioso mpe kotuka nioso, nde lituki kotuka Molimo Mosantu bakolimbisama yango

te. Ye nani akoloba liloba kotelemela Mwana na Moto akolimbisama yango. Nde ye nani akoloba Liloba kotelemela Molimo Mosantu akolimbisama te, soko nan tango oyo soko na tango ekoya." (Matai 12:31-32)

"Kasi soko nani akotuka Molimo Mosantu akoki kolimbisama te, kasi akwei na lisumu na seko." (Malako 3:29)

"Mpo na moto na moto akoloba mabe na ntina na mwana na moto, ekolimbisamela ye; nde mpona oyo akotuka Molimo Mosantu, ekolimbisamela ye te." (Luka 12:10)

"Pamba te mpona bango basili kongengelama pole mpe koleta likabo na likolo mpe kosangana na Molimo Mosantu, bayoki elengi na Liloba na Nzambe mpe nguya na ekeke ekoya; soko na sima nbasili kopengwa, nzela na kobongola bango lisusu na motema ezali te mpo bazali kobakisa Mwana na Nzambe na ekulusu bango mpenza, mpe bazali kotiola Ye." (Baebele 6:4-6)

"Pamba te soko tokosalaka masumu na nko nsima

na kozua boyebi na solo, mbeka mpo na masumu ezali lisusu te. Etikali bobele kotalela esambiseli na nsomo mpe moto na nkanda oyo ekozikisa batelemeli." (Baebele 10:26-27)

15. Bino boyebi ete lobiko ekoboyama na ba oyo bakosalaka misala na mimonani na mosuni lokola ikomama na Bagalatia 5:19-21?
    [Iyo]

16. Oyebi ete soki tosali lisumu tokoki koboma nguya ya Molimo Mosantu na mitema na biso?
    [Iyo]

17. Ngolu ezali nini?
    [Ngolu etalisi eye epesami mpamba epai na Nzambe. Nzambe Apesaka na biso biloko nioso tolingi kati na bomoi na biso, mpe Apesaka mpe na biso bomoi na seko na kolimbisaka bison a masumu na bison a nzela na Yesu Christu.]

18. Nini ezali libatisi na mai?
    [Libatisi na mai ezali moko na ba sacrement na egelesia, yango ezali elembo na kolimbisama na masumu na biso mpe

na kokoma mwana na Nzambe. Elakisi mpe été tosengeli na kokoba komipetola na kotangaka Liloba na Nzambe oyo ezali solo.]

19. Nini ezali libatisi na Molimo Mosantu?

[Na tango totubeli masumu na biso nioso mpe tondimeli Yesu Christu, Molimo Mosantu Ayei kati na motema na biso mpe Akosekwisa molimo na biso mokufaka. Kosekwisama oyo na molimo na biso mokufaki ezali libatisi na Molimo Mosantu.]

20. Nini ezali libatisi na moto na Molimo Mosantu?

[Ezali koyamba moto na Molimo Mosantu mpe kopesamelama makasi na Nzambe. Na tango tozwi libatisi na moto na Molimo Mosantu, ikozikisa lolenge na masumu mpe ba bokono mpe ikobengana moyini zabolo mpe Satana na bandako na biso, esika na mosala mpe esika na bombongo.]

21. Nini ezali Elambo Esanto?

[Ezali sacrament esika wapi toliaka lipa iye etalisi nzoto na Yesu mpe tokomela keni iye etalisi makila ma Ye. Ezali mpona kobanzaka bolingo na Yesu na kokufa na ekulusu mpona biso mpe kopesa nioso na mosuni mpe na makila na Ye. Lisusu, ekobanzisa biso Bokristo na lolenge nini tosengeli kobika mpona biso kozwa bomoi na seko.]

22. Esika wapi eyamba na kobulisama ezali na mosisa na yango?

[Ebandisama na mbonge na kobulisama na Yoane Wesley kati na Royaume Unie na kati na 18em siecle.]

23. Tanga libondeli na Nkolo lolenge ikomama kati na Matai 6: 9-13.

[Tata na biso o Likolo, Nkombo na Yo ezala mosanto, Tika bokonzi na Yo eya, tika mokano na Yo esalama na nse pelamoko na Likolo. Pesa biso lelo bilei na biso na mokolo na mokolo. Limbisa biso mabe na biso lokola tokolimbisaka baninga. Mpe salisa biso été tokweya na masengenya te, kasi bikisa biso na mabe. Mpo été bokonzi, mpe nguya, mpe nkembo nioso ezali na Yo, lelo, lobi, mpe libela na libela. Amen.]

24. Nini Esakola na ba Ntoma ezali?

[Yango ezali lisanga na miboko nioso na ba Doctrines na Bakristu, mpe litatooli na Kondima na Bakristu.]

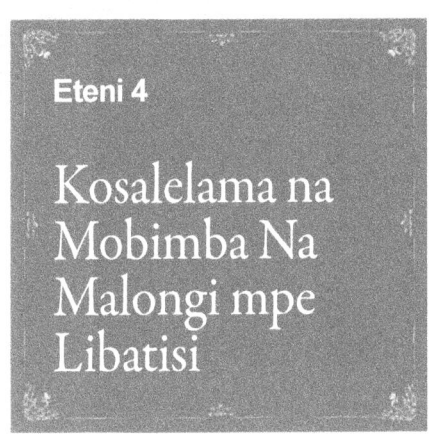

Eteni 4

Kosalelama na Mobimba Na Malongi mpe Libatisi

Chapitre 1 Malongi na Mobimba

Chapitre 2 Libatisi

Mobimba na Malongi

Ba oyo bakozala baton a malongi bakofanda liboso na etumbelo mpe bakokamba milulu na malongi kolandana na lolenge eye.

1. Nzembo na hymne

2. Mabondeli

3. Kotanga na Makomi (Baefesi 4:17-24)

4. Bianga na nkombo na ba oyo bakozala baton a malongi mpe tika ete bango batelema

5. Liloba kati na milulu
Balingami mibali mpe basi kati na Christu, tokozala na

milulu mpona Mobimba na Malongii kolandana constitution na eyamba. Toozalaka na milulu oyo na moobimba na malongi mppona ba ndeko mibali mpe basi ba oyo basangani sika elongo na biso mpona kopesa na bango ebele na malakisi mpona kozala na mozindo na kondima, boyebi na Biblia, mpe mosala mpona eyamba. Bandeko mibali misusu mpe na basi basengeli kozala ndakisa malamu kati na bolingo, kondima, mpe kopetolama kati na maloba mpe misala na bango, mpe babatela solo na Biblia mpe mibeko na lingomba.

6.Mituna mpe biyano

Balingami mibali mpe basi, toyebi ete bino bosili kolongwa na masumu mpe na mabe, mpe ete bozali kondima na Nkolo Yesu Christu mpe bosaleli Nzambe. Sasaipi bopesa biyano na bino na bosolo na mituna oyo mpona kotalisa ekateli na bino epai na Nzambe mpe na lingomba.

Motunna 1:

Bolingi solo kotubela masumu na bino nioso, bolongola ba nzela na bino nioso na kala na kobika mpe bizaleli mabe nioso, mpe bondimela Nkolo Yesu lokola Mobikisi na bino ?

[Amen]

Motuna 2:

Bolingi solo kondimela Biblia ezali Liloba na Nzambe, boobika kolandana na malakisi na Biblia, mpe bobatela Mibeko Zomi?

[Amen]

Motuna 3:

Bolingi solo kotanga Biblia mpe bobendela makasi mpe bosala makasi mpona koteya basusu?

[Amen]

Motuna 4:

Bolingi solo kobika kati na ngolu na kozongisama na sika, moboko na solo na Kristu, mpe bino bolingi kotosa Liloba na Nzambe mpe kotambwisama na Molimo Mosanto kati na kondima na bino mpe misala?

[Amen]

Motuna 5:

Na mokolo nna Nkolo, bino bolingi kotika misala nioso na mokili, bongumbamela Nzambe na lolenge na bo nzambe, mpe na kolinga kopesa misala mpona ebelesia, nzoto na Christu na molimo na mosuni?

[Amen]

7. Litatoli

Mpo ete bandeko mibali mpe na basi nioso kati na eyamba batatoli ekateli na bango liboso na Nzambe mpe na eyamba na kopesa eyano na bango na solo na mituna ipesamaki, totatoli ete bakomi baton a malongi na_____ lingomba, na Lisanga na Mangomba na Yesu Christu mpona kobulisama.

8. Sima na mabondeli, ekobi na libatisi.

Soki moto na kobatisama azali te, ekokangama na hymne mpe na mapamboli.

Soki ba candidats batikali te, kende na koyemba loyembo ya molimo mpe losambo ya lipamboli.

Chapitre 2 — Libatisi

Libatisi na momesano emesana na kosalema na ebale to mpe na liziba na libatisi. Kasi, na tango likambo to mpe ba condition epesameli na biso te, milulu na libatisi ekoki kokambama kolandana na lolenge oyo.

1. Hymne

2. Libondeli na Kofungola

3. Kotanga na Makomi (Yoane 3:1-8)

4. Maloba mpona Milulu

Libatisi ezali sacrament eye Nkolo atinda na biso kosala, mpe bino bozali awa kati na milulu oyo mpona kobatisama na mai kolandana na mobeko na Nkolo. Sasaipi nabondeli ete mawa mpe mapamboli na Nzambe etalisama epai na bino bandeko mibali mpe na basi, mpo ete bozwa makoki mpona kokota bokonzi na Lola mpe bosepela bomoi na seko lokola bana na kokoka na Nzambe.

5. Libondeli mpona Malongi na Libatisi

6. Benga ba nkombo na ba oyo basengeli kobatisama mpo ete bango batelema

7. Mituna mpe biyano

Balingami mibali mpe basi kati na Christu, bino boyei awa mpona kobatisama na mai, mpe nasenge ete bopesa biyano na bino na solo na mituna oyo liboso na Nzambe mpe na lingomba.

Motuna 1:

Bolingi kotubela na masumu na bino, mpe bolongola ba bizaleli na bino na kala na kobika mpe na bopagano, mpe bino bondimi ete bokomi bana na Nzambe na kobotama lisusu na sika na nzela na kondima na Yesu Christu lokola Mobikisi na bino moko?
[Amen]

Motuna 2:

Bino bondimi ete bokozwa ngolu na kobulisama na nzela na makila motuya na Yesu Christu mpe nguya na Molimo Mosantu sima na koyoka ngolu na kozongisama na sika?

[Amen]

Motuna 3:

Bino bondimaka mpenza na Esakola na ba Ntoma lokola moboko na kondima na bino?

[Amen]

Motuna 4:

Bondimi ete bokosangana elongo na Nkolo na nzela na libatisi, mpe bolingi kobika kati na nkembo na Nkolo na mikolo na bino nioso kati na bomoi na bino ezala na kolia to mpe na komela na bino to na nini nini ekosala bino?

[Amen]

Motuna 5:

Bolingi kotanga Biblia, kobondela, koteya Sango malamu, kopesa moko na zomi, kobatela Mokolo na Nkolo bulee, mpe kosalela lingomba kati na bosembo na makambo nioso?

[Amen]

8. Libondeli mpona Kobatisama

9. Libatisi
Nabatisi_____na nkombo na Nzambe Tata, Nzambe Mwana, mpe Nzambe Molimo Mosantu, Amen.

10. Litatoli
Natatoli ete bandeko mibali mpe bandeko basi oyo bapesi biyano na bango na solo na mituna nioso mitunamaki mpe babatisami na nkombo na Nzambe Misato, nde bongo bango bakomi bandeko babatisama na Eyamba, _____na Lisanga na Egelesia na Yesu Christu mpona Kobulisama.

11. Mabondeli

12. Toli

ETENI 5

KOBAKISAMA

Misala na Eyamba Itiama kati na Nkombo na NkoloYesu Christu Kotala kati na Kondimana na Kala mpe na Sika

Ntina na Egelesia Etiama kati na nkombo na Nkolo Yesu Christu

Na tango Petelo atatolaka epai na Yesu ete, "Yo Ozali Christu, Mwana na Nzambe na bomoi," Yesu Alobaki ete, "Esengo nay o Simona mwana na Yona, pamba te mosuni mpe makila imonisi yango nay o te, kasi Tata na Ngai na Likolo. Ngai mpe Nakoloba na yo ete yo ozali Petelo, mpe na libanga oyo Nakotonga lingomba na Ngai mpe bikuke na ewelo ikoki kolonga liboso na yango te.Nakopesa yo fungola na bokonzi na likolo mpe nini ezali yo kofungola na mokili ekofungolama na likolo" (Matai 16:16-19).

Ezali na ebele na ba mangomba kati na mokili kolandana na mikanda na Nkolo mpona mangomba sambo lokola ekomama kati na Emoniseli chapitre 2 mpe 3. Mikanda mizali mposa makasi eleki na Nkolo mpona kolamusa mangomba nioso eye ezala, kati na lobi eleka mpe na lelo. Tika ete tozinda kati na lingomba esengela kolandana na malakisi na Biblia.

Yambo, bandeko kati na lingomba basengeli kozwa lobiko.

Ntina mpenza mpona biso koyangana na egelesia ezali mpona kozwa lobiko. Mpo ete lifuti na masumu ezali kufa lolenge ekomama kati na Baloma 6:23, tokoki kozwa lobiko na solo kaka soki likambo na masumu na biso esilisami. Bongo, egelesia esengeli kolimbola na bandeko na lingomba somo na lolenge nini masumu ezali, mpona nini tokoki kobika te mpona masumu na biso, mpe mpona nini tosengeli kolongola masumu na biso. Na tango toyoki Sango Malamu mpe tondimeli Yesu Christu, ba nkombo na biso mikomami kati na buku na bomoi na Lola. Kasi yango ezali ebandeli na lobiko na biso. Lobiko na biso ikomisami na kokoka na tango oyo tokutani na Nkolo.

Bandimi misusu bakoki kotuna ete, "Nasila kondimela Nkolo mpe nalimbisama na masumu na ngai nioso oyo nasalaka na kala, na lelo mpe na lobi ekoya. Mpona nini nasengeli kokoba na kondima masumu na ngai mpe balobela ngai ete nasengeli kotubela na yango?" Ezali mpo ete kondimela Nkolo ezali ebandeli na lobiko mpe tosengeli kobatela lobiko na biso mobimba na lisungi na lingomba. Motuka na biso kokota kati na autoroute elakisi te ete tokomi esika tozali kokende. Lolenge moko, sima na kondimela Nkolo mpe kolimbisama na masumu na biso, tosengeli kobotama na mai mpe na Molimo (Yoane 3 :5) mpe kolia nzoto mpe komela makila na Mwana na Moto (Yoane 6 :53). Na lolenge mosusu, tosengeli kokoba na kobatela mpe kotosa Liloba na Nzambe mpe kokoma na lobika mobimba.

Na mibale, kondima na bandeko na lingomba esengeli kokoba na komata mpe basengeli kokoma bana na solo mpe na bulee na Nzambe.

Nkolo Abikisaki biso na bolingo na Ye monene na nzela na kobakama na Ye na ekulusu, na yango moko te kati na biso asengeli kokanisa lokola ete , 'Sasaipi ngai nabikisami, nde nakokamba bomoi na ngai moko lolenge motema na ngai elingi.' Lolenge na kofuta mpona ngolu oyo na Nzambe ezali kolinga Nzambe, mpe kosala mosala esengeli mpona mwana na Nzambe. Soki tokokende na eyamba kasi tokopikola mosisa na masumu kati na motema na biso, tokoki kosumuka. Na bongo, ebele na mikakatani mikokomela bison a ba ndako na biso, na bombongo mpe bisika na mosala. Mikozala mpe na nguya likolo na nzoto malamu na biso.

Na lolenge oyo, ezali motuya mpona kolongola mosisa na masumu iye ememaka bison a kosumuka na misala, ata soki masumu nanino imonani na misala te. Na boye, tosengeli kobwaka ba mposa mabe na nzoto, ba mposa mabe na miso, mpe ezombo na bomoi oyo, mpe tosantisama. Bongo, tokoka kozongisa elilingi ebunga na Nzambe mpe lokola bana na Nzambe na lolenge na Christu. Na mokuse, mondimi na sika oyo awuti kozwa lobiko basengeli komatisa kondima na bango kino na esika na kokoka na Christu. Kondima eye ekola na koleka na wapi akotikala koningana soko tea ta na likambo nini.

Misato, egelesia esengeli kotatola Nkolo oyo Akoya lisusu.

Ba oyo bazali kotatola ete bayebi na ngonga nini Nkolo Akoya lisusu ete etiama na bosuki na tango. Ezali pasi mpona bango kobika bomoi esengela mpona mokili mpe kati na libota. Kasi ntina na solo na eschatolojie ezali te mpona kozala na ngonga esila kokatama kati na bongo kasi kobongama biso mpenza mpona kokutana na Nkolo, ata soki Nkolo Abengi molimo na biso to mpe Nkolo akozonga lisusu. Na boye, lingomba esengeli kolakisa eschatolojie malamu mpo ete bandimi bakoka na kosenjela mpe bbabiika Bokristo malamu. Kokende na egelesia eye ezali kobongisa bandimi mpona kozonga na Nkolo mpe koyangana kati na lingomba oyo ezali mpenza na bokeseni na bassusu te. Lisese na basi miseka kati na Matai 25 elobeli na biso ete Basi miseka zomi bayebaki koya na mobali na libala kasi kaka mitano kati na bango babongisaki mafuta. Egelesia esengeli kolakisa bandimi ete basengeli kobongama mpona bomoi sima na kufa mpe bazela mpona kozonga na Nkolo.

Minei, ligomba esengeli kotika bandimi bakutana na batambola na Nzambe.

Soki basusu bazali koyangana na eyamba mpona ba mbula 10 to 20 kasi batikala kokutana na Nzambe te, basengeli kotala soki to te mangomba na bango ezali na presence na Nzambe. Biso bandimi tobondelaka mpona kokutana na Nzambe mpo ete tozali na kondima te kasi mpo ete tozali na kondima. Nzambe Alakaka

85

ete, "Senga mpe ekopesamela yo; luka, mpe okozwa; beta; mpe ekofungolelama yo" (Matai 7:7). Nzambe Akutanaka na ba oyo bakolukaka Ye na motoma mobimba.

Soki akoyekola na kokitisama mpe akomeka na kondima yango moke moke, akokoka kososola yango na mobimba. Bongo, soki tokososola mpe tokondima misala na Nzambe kati na motema na biso, tokososola solo yango kati na mito na biso, mpe lokola. Bongo, tokokka kokutana na misala na Nzambe.

Mitano, egelesia esengeli kotambwisa bandimi mpo ete batia elikya mpe balanda mobateli mpate oyo Nzambe Atelemisa mpona lingomba.

Nzambe Atia lingomba na Ye, nzoto na Christo, mpe mobateli mpate na lingomba. Nzambe Atia mobateli mpate mpo ete Nkolo Ye moko Akoki koya na mokili te mpe Akonza likolo na mangomba nioso. Ntoma Paulo alobaki kati na 2 Bakolinti 12:12 ete, "Bilembo na ntoma na solo esili komonana kati na bino na etingia nioso, na bilembo mpe na bikamwiseli mpe na misala na nguya."

Mobateli mpate akoki kondimama ete atiama na Nzambe na nzela na koyika mpiko nioso, bilembo, bikamwiseli, mpe bikamwa. Soki bandimi na lingomba bazali kondimela mobateli mpate na lolenge oyo te, basengeli kotala lolenge nini bazali solo komeka kosalela Liloba na Nzambe mpe na mozindo na lolenge nini boyoka bolingo na Nzambe. Mpona kondimela mobateli mpate eye atiama mpona lingomba, nzoto na Christu, ezali kondimela mpe kotiela mpe Nzambe elikya mpe lokola.

Kotala kati na Kondimana na Kala mpe Kondimana na Sika

Biblia ekomamaka mpona ntango na ba mbula 1,600 kobanda na tango na Mose kino na mokama na liboso. Bato pembeni na 40 bakomaka yango na lisungi na Molimo Mosantu.

Biblia salami na ba buku 66---ba buku 39 kati na Kondimana na Kala mpe ba buku 27 kati na Kondimana na Sika. Mpo ete bino bosilisi malongi to mpe bobatisami, mpona nini bozali komeka kotanga Biblia mobimba te sima na kososola mbonge monene kati na Kondimana na Kala mpe na Kondimana na Sika?

Ba buku 39 kati na Kondimana na Kala mikomamaka mingi Kiebele, mpe moke ekomamaki na Alamai, na tango ba buku 27 kati na Kondimana na Sika mikomamaka na ki Hela. Kino tango imprimerie ebimisamaka na 1456, makomi kati na Biblia mikomamaka nioso na maboko mpe ikabolamaka. Sima na kobandisama na sika, Bilia ibandaka kombongwanama na ebele na ba nkoto mpe kotangama epai na ebele na bato.

Kondimana na Sika ezali na Ba buku Minei na Sango Malamu, moko na ba buku na lisituale, ba Episico Ntuku mibale na moko, mpe buku moko na kosakola. Kondimana na Kala ezali na ba buku 17 na lisituale, buku 5 na ba poeme mpe ba buku 17 na masakoli.

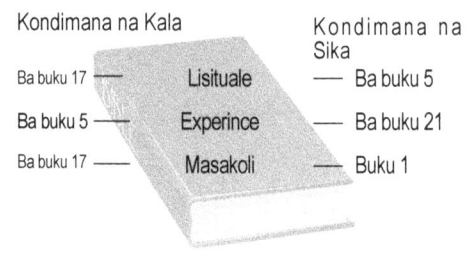

Kondimana na Kala		Kondimana na Sika
Ba buku 17 — Lisituale		— Ba buku 5
Ba buku 5 — Experince		— Ba buku 21
Ba buku 17 — Masakoli		— Buku 1

Ba buku 66 kati na Biblia izali na ba chapitre 1, 189. Soki tokotanga chapitre moko na moko mokolo nioso, ekozwa biso mbula misato na koleka mpona kotanga Biblia mobimba. SSoki tokotanga chapitre misato na mokolo, ekozwa biso mbula moko na koleka. Bongo, soki tokotanga chapitre misato mokolo nioso mpe chapitre mitano na eyenga nioso, tokoki kosilisa kotanga Biblia mobimba na mbula moko.

Kondimana na Kala na Molongo na Tango

Tokoki kososola Kondimana na Kala na pete na koleka na bososoli na lisituale.
Yambo, tokoki kososola moboko na Kondimana na Kala na ba buku 11 na lisituale.
Bongo soki tososoli buku nini na poeme mpe buku nini na masakoli ikomamaka na tango nini kati na lisituale, ekozala pete mingi mpona kososola Kondimana na Kala.
Bongo, soki tokososola buku nini na ba poeme mpe buku nini na masakoli ikomamaka na tango nini kati na lisituale, ekozala na pete na koleka mpona kososola Koondimana na Kala.

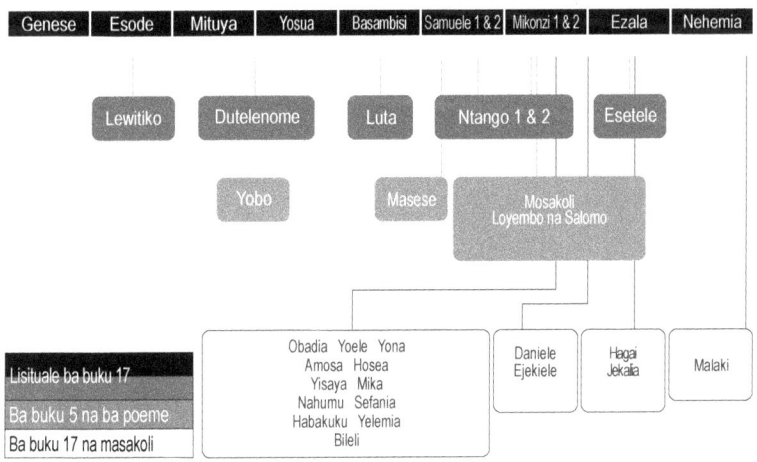

Ba lolenge na ba buku na Lisituale Kolandana na koleka na Tango

Ekeke na Kokela	Genese 1 kino 11
Ekeke na Ba Tata	Genese 12 kino na 50
Ekeke na Mose	Esode, Lewitiko, Mituya, Dutelenome
Ekeke na Basambisi	Yosua, Basambisi, Luta, 1 Samuele 1 kino 15
Ekeke na Bokonzi	1 Samuele 16 kino 31, Samuele 2, Mikonzi 1 & 2, Ntango 1 & 2
Ekeke na Kokangama	Ezala, Nehemia, Esetele

Ba buku 27 na Kondimana na Sika mibongisama na molongo na koleka na tango te. Bongo, soki tokokabola ba buku 27 na molongo na koleka na tango liboso na biso kotanga buku moko na moko, tokoka kosossola mbonge kati na Kondimana na Sika na bopete koleka.

Ba Buku minei na Sango Malamu ikomi mosala na Yesu Christu mpe batalisi ekekek na Yesu Christu. Misala na bantoma mpe ba Episcico ekomi kobandisama na mangomba mpe misala na ban toma, mpe batalisi ekekek na Molimo Mosantu, ekeke na mangomba.

Emoniseli na Yoane ekomi na mozindo likolo na makambo na koya, lokola kozonga na Nkolo na mipepe, ba mbula Sambo na Elambo na Libala mpe Monyoko monene, Kozonga na Mibale na Nkolo na mokili, Bokonzi na Mbula Nkoto moko, mpe Esambiseli na Ngwende Monene na Pembe.

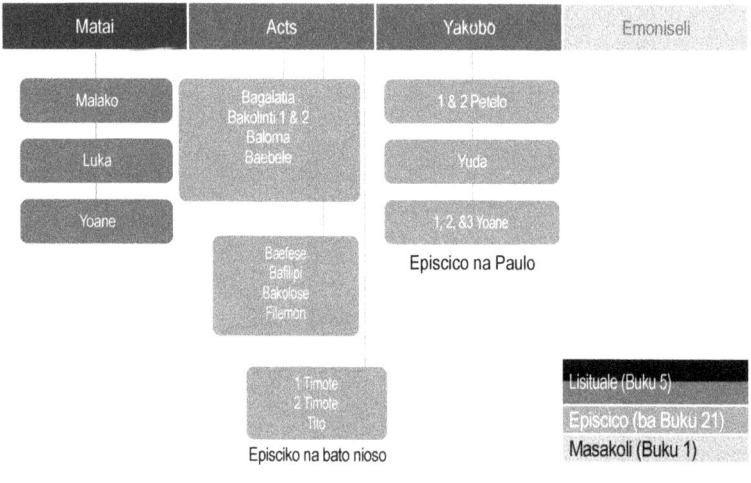

Ekeke na Yesu Christu	Sango Malamu Minei
Ekeke na Molimo Mosantu mpe na Mangomba	Misala na Bantoma mpe Episcico na Paulo, Episcico na bato nioso, Emoniseli 1-3
Elambo na Mbula Sambo –na-Libala mpe Monyoko Monene	Emoniseli 4-19
Bokonzi na Mbula Nkoto Moko	Emoniseli 2o
Bokonzi na Likolo	Emoniseli 21-22

"Kasi wana ekosola Molimo Mosantu koya na likolo na bino, bokozua nguya, mpe bokozala batatoli na Ngai kati na Yelusaleme, na Yuda mobimba, na Samalia, mpe kino nsuka na mokili."
(Misala 1:8)

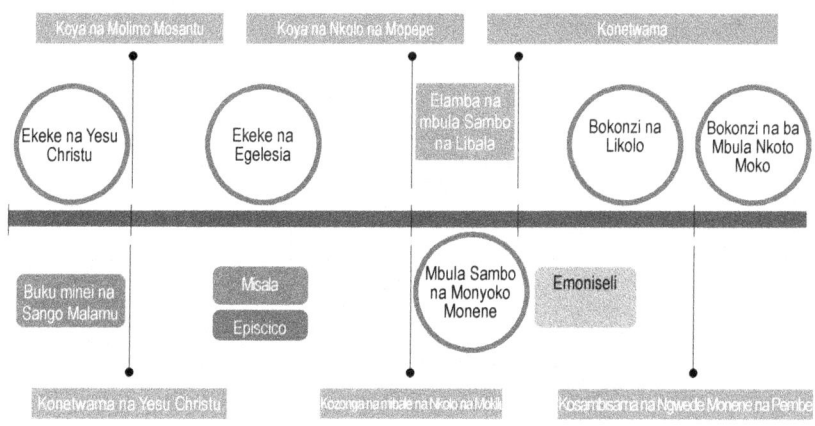

"Tala! Nakoya noki, mpe libonza na ngai ezali na ngai, mpo na kopesa na moto na moto lokola ekoki na mosala na ye."
(Emoniseli 22:12)

Mokomi :
Dr. Jaerock Lee

Dr. Jaerock Lee abotamaka na Muan, Province na Jeonnam, Republique na Koree, na 1943. Na ba mbula na ye ntuku mibale, Dr. Lee anyokwamaka na ba bokono kilikili mizanga lobiko mpona ba mbula sambo mpe azalaka bobele kozela kufa na elikya moko te na lobiko. Kasi mokolo moko na tango na sima na malili makasi na 1974 amemamaka na egelesia epai na ndeko na ye muasi mpe tango afukamaka mpona kobondela, Nzambe na bomoi na mbala moko abikisaka ye na bokono na ye nioso.

Kobanda ngonga akutanaka na Nzambe na bomoi na nzela na experience wana kitoko, Dr. Lee alingaka Nzambe na motema na ye nioso mpe bosolo, mpe na 1978 abengamaka azala mosali na Nzambe.. Abondelaka makasi na kokilaka mingi mpo ete akoka kososola malamu mokano na Nzambe, akokisa yango malamu mpe atosa Liloba na Nzambe. Na 1982, abandisaka Egelesia Centeral Manmin na Seoul, Korea, mpe misala mingi na Nzambe mizanga suka, kosangisa ebele na miracles, bilembo mpe bikamwa, mizalaka kosalema kati na egelesia na ye wuta tango wana.

Na 1986, Dr Lee azalaka consacrer lokola Pasteur na Assemblee Annuel na Yesu egelesia Sungkyul na Korea, mpe mbula minei na sima na 1990, mateya ma ye mabanda kobima na Australie, Russie mpe na Philippine. Sima na tango moke ba mboka mingi koleka mikomaka kozwa mateya na nzela na Companie Na Diffusion na Far Est. Station na Diffusion na Asia, mpe Systeme na Radio na Washington.

Mbula misato na sima, na 1993, Egelesia Central Manmin eponamaka lokola moko na Mangomba 50 eleka na Mokili" na Magazine na ba Bakristu na Mokili (America) mpe azwaka Doctorat na Bonzambe na College na Kondima na Bakristu, Floride, America, mpe na 1996 azwaka Maitrise kati na Mosala na Nzambe na Seminaire na Theologie na Iowa, America.

Wuta 1993, Dr. Lee abandaka kopanza evangelization na mokili mobimba na nzela na ba croisade ebele na mikili na bapaya ata na Tanzanie, Argentine, L.A, Balitimore Cite, Hawai, mpe New York mboka na America, Uganda, na Japon, Pakistan, Kenya, Philippine, Honduras, Inde, Russie, Allemagne, Peru, Republique Democratique na Congo, Israel mpe Estonie.

Na 2002 andimamaka lokola mosali na kolamusa bato na mokili mobimba mpona mosala na ye na nguya makasi kati na ba croiade ebele, na biklo bapaya na ba journaux minene kati Koree. Mpe mingi mingi croisade na ye na Madison Square Garden, bisika ekenda sango koleka na mokili mobimba. Molulu mitelemaka na ba mboka 220, mpe na Croisade na ye na 209, iye isalemaka na(ICC) Yerusaleme atatolaka ete Yesu Azali Messia mpe Mobikisi.

Mateya ma ye malekaka na ba mboka 176 na nzela na satellite kosangisa GCN TV mpe atangamaka moko kati na zomi na bakambi na Influence na Bakristu na 2009 mpe 2010 na magazine na Bakristo ekenda sango na kombo IN Victory mpe Agence na ba sango Telegraphe na Bakristu mpona ba diffution maye na misala na nguya mpe bokambi na ye na mosala na Pasteur- kati na eyamba.

Kobanda sanza na mai 2013, Egesia Central Manmin ezali na lisanga eleki bato 120,000. Ezali na ba Branches 10,000 na ba egelesia na mokili mobimba kosangisa ba branche domestique 56, mpe koleka ba mission 129 mitindama na ba mboka 23, kosangisa America ya ngele, Russie, Allemagne, Canada, Japon, Chine, Inde, France Kenya, mpe mingi koleka.

Na mokolo na kobimisa buku oyo, Dr Lee akoma ba buku 85, kosangisa ba choeux d'oeuvres lokola Meka bomoi na Seko Liboso na Kufa, Bomoi na Ngai Bondimi na ngai I &II, Sango na Ekulusu, Bitape kati na Kondima, Lola I &II, Lifelo, Lamuka Yisalele!, mpe Nguya na Nzambe. Misala ma ye mibongolama na ba koto eleki likolo na 75.

Makomi maye na Bakristu mibimaka na: The Hankook Ilbo, The JoongAng Daily, The Chosun Ilbo, The Dong-A Ilbo, The Munhwa Ilbo, The Seoul Shinmun, The Kyunghyang Shinmun, The Korea Economic Daily, The Korea Herald, The Shisa News, and The Christian Press.

Sasaipi Dr. Lee azali mokambi na ba organization mingi na ba missionaires mpe ba association. Ebonga na ye esangisi: President: Lisanga na Mangomba na Kobulisama na Yesu Christu; Presidentt, Mission na mokili mobimba Manmin, President lelo na Asociation na, Bokristo na Mokili Mobimba mpona Bolamuki na Molimo, Mobandisi mpe President na conseil d'Administration GCN; Mobandisi mpe President Reseau na Mokilimobimba mpona Ba Mingganga na Bakristu (WCDN); Mobandisi mpe President na Conseil D'Administration na, Seminaire International Manmin (MIS).

Other powerful books by the same author

Heaven I & II

A detailed sketch of the gorgeous living environment the heavenly citizens enjoy and beautiful description of different levels of heavenly kingdoms.

The Message of the Cross

A powerful awakening message for all the people who are spiritually asleep In this book you will find the reason Jesus is the only Savior and the true love of God.

Hell

An earnest message to all mankind from God, who wishes not even one soul to fall into the depths of hell! You will discover the never-before-revealed account of the cruel reality of the Lower Grave and hell.

Tasting Eternal Life Before Death

A testimonial memoirs of Dr. Jaerock Lee, who was born gain and saved from the valley of death and has been leading an exemplary Christian life.

The Measure of Faith

What kind of a dwelling place, crown and reward are prepared for you in heaven? This book provides with wisdom and guidance for you to measure your faith and cultivate the best and most mature faith.

www.urimbooks.com

www.ingramcontent.com/pod-product-compliance
Lightning Source LLC
LaVergne TN
LVHW061039070526
838201LV00073B/5110